Direitos autorais © 2024 Daniel Ayme

Todos os direitos reservados

Os personagens e eventos retratados neste livro são fictícios.
Qualquer semelhança com pessoas reais, vivas ou falecidas, é
coincidência e não é intencional por parte do autor.

Nenhuma parte deste livro pode ser reproduzida ou
armazenada em um sistema de recuperação, ou transmitida
de qualquer forma ou por qualquer meio, eletrônico,
mecânico, fotocópia, gravação ou outro, sem a permissão
expressa por escrito da editora.

I0478140

ÍNDICE

A Frequência da Prosperidade: Sintonizando com a Abundância Financeira

Daniel Ayme

INTRODUÇÃO

*A Ciência e a Filosofia
da Prosperidade*

A ideia de que podemos entrar na "vibração do dinheiro" pode parecer mística ou até um pouco abstrata à primeira vista. No entanto, por trás desse conceito, encontramos uma rica combinação de ciência e filosofia que pode ajudar qualquer pessoa a entender e, principalmente, a aplicar o princípio da abundância em sua própria vida. Entrar na vibração do dinheiro é, na verdade, alinhar-se com a prosperidade, ajustando pensamentos, emoções e ações para que trabalhem em harmonia, atraindo os recursos financeiros que desejamos. Isso envolve tanto uma compreensão teórica quanto um compromisso prático – e é sobre essa junção entre ciência e prática que vamos falar.

O Conceito de "Vibração do Dinheiro"

Mas o que realmente significa "vibração do

dinheiro"? Pense no universo como um campo de energia onde tudo, inclusive nossos pensamentos e sentimentos, está em constante movimento e vibração. Quando falamos sobre a vibração do dinheiro, estamos nos referindo a *um estado mental e emocional que nos coloca em sintonia com a frequência de abundância e prosperidade.* Essa abordagem sugere que, assim como uma estação de rádio, precisamos ajustar nossa própria "frequência" para captar as oportunidades financeiras e permitir que o fluxo de riqueza se manifeste em nossas vidas.

Esse conceito não é apenas filosófico; ele é embasado em ideias que a ciência moderna vem cada vez mais explorando, especialmente em campos como a física quântica, a neurociência e a psicologia positiva. É claro que *nós não atraímos dinheiro apenas com pensamento positivo* – mas o modo como pensamos e sentimos sobre o dinheiro cria um campo magnético ao nosso redor, influenciando tanto nossa percepção quanto nossas ações. Assim, quando ajustamos nossa vibração para a frequência da prosperidade, estamos literalmente mudando a maneira como nos relacionamos com o dinheiro.

A Ligação entre Pensamento, Emoção e Abundância

Muitos estudos mostram que nosso estado emocional afeta diretamente nosso modo de pensar e agir, e isso se aplica também ao dinheiro. Quando estamos em um estado de medo ou ansiedade em relação às finanças, nossos cérebros operam em um nível de sobrevivência, o que nos limita a pensar em escassez e a tomar decisões financeiras reativas. Por outro lado, *quando cultivamos sentimentos de gratidão, segurança e confiança*, nosso cérebro ativa áreas relacionadas à criatividade, resolução de problemas e tomada de decisão equilibrada – tudo o que é essencial para prosperar financeiramente.

A neurociência tem contribuído para esse entendimento, mostrando que nossos padrões de pensamento moldam as conexões em nosso cérebro. Repetindo emoções e pensamentos ligados à abundância e à gratidão, criamos novos circuitos neurais que nos ajudam a perceber oportunidades financeiras onde antes víamos obstáculos. Além disso, quando mantemos uma visão positiva e próspera em relação ao dinheiro, nosso cérebro libera neurotransmissores que nos fazem sentir bem, o que reforça esses padrões e cria um círculo virtuoso. Em outras palavras, *pensar em abundância não é apenas um exercício de otimismo; é uma reprogramação neural que nos ajuda a nos alinhar com a frequência da prosperidade.*

A Física Quântica e a Realidade da Abundância

A física quântica também trouxe insights interessantes sobre a natureza da realidade e como nossas intenções podem influenciar o mundo ao nosso redor. Em termos simples, a física quântica sugere que tudo no universo é composto de energia, vibrando em diferentes frequências. Isso significa que nossos pensamentos, sentimentos e até intenções são uma forma de energia que influencia nosso ambiente. Embora esse conceito possa parecer ousado, ele abre a possibilidade de que *nossos estados mentais e emocionais realmente moldam a realidade que experienciamos*, incluindo nossa relação com o dinheiro.

Claro, a física quântica ainda é um campo em desenvolvimento e nem tudo é plenamente compreendido, mas seus princípios inspiraram abordagens inovadoras para entender como nossa mente interage com o mundo físico. Essa ciência reforça a ideia de que não somos apenas espectadores passivos da realidade, mas *participantes ativos*, capazes de influenciar o que nos acontece. Aplicado ao conceito de vibração do dinheiro, isso significa que, ao intencionalmente cultivarmos sentimentos e pensamentos de prosperidade, estamos, de certa forma, ajustando nossa realidade financeira.

Psicologia Positiva e a Ciência do Bem-Estar

A psicologia positiva é outra área que tem muito a contribuir para nosso entendimento da prosperidade. Desenvolvida para estudar o que faz as pessoas se sentirem realizadas e felizes, essa ciência também investiga o papel dos pensamentos positivos, das emoções elevadas e das intenções em nossa qualidade de vida. Estudos da psicologia positiva mostram que pessoas que nutrem uma visão de abundância em suas vidas, em geral, alcançam mais sucesso financeiro. Isso não é coincidência: *quando acreditamos que podemos alcançar a prosperidade, nosso cérebro fica mais receptivo às oportunidades*, e nosso comportamento reflete essa confiança.

Outro aspecto interessante da psicologia positiva é a prática da gratidão. Estudos revelam que pessoas gratas são mais resilientes e otimistas, e essas características estão fortemente ligadas ao sucesso financeiro. Ao praticar a gratidão pelo que já temos, criamos uma mentalidade de abundância que elimina o medo da escassez e nos permite tomar decisões financeiras mais sábias. *A gratidão nos ajuda a focar no que é positivo em nossas vidas, criando uma base emocional estável para atrair mais prosperidade.*

Ciência e Filosofia Juntas

A combinação desses estudos científicos com filosofias de prosperidade cria um modelo poderoso para entender como podemos sintonizar nossa vibração com a do dinheiro. Não se trata de magia ou pensamento ilusório; é uma abordagem fundamentada no conhecimento sobre como nosso cérebro e nosso sistema emocional funcionam, unidos a uma visão filosófica sobre o papel da intenção e do alinhamento energético. A partir desse entendimento, cada pessoa pode construir sua própria estratégia de prosperidade, colocando em prática esses conceitos em seu dia a dia e notando as mudanças que eles trazem.

Entrar na vibração do dinheiro é um processo que exige prática e intenção constante. Mas, à medida que nos alinhamos com esse estado de prosperidade, nossa vida financeira começa a refletir essa nova sintonia. A ciência e a filosofia juntas nos lembram que somos capazes de moldar nosso destino financeiro com nossas mentes e emoções, criando uma realidade de abundância verdadeira e sustentável.

CAPÍTULO 1: DESVENDANDO A MENTALIDADE DE RIQUEZA

"A verdadeira riqueza começa na mente; o dinheiro é apenas a consequência."

Nosso mundo financeiro é, em grande parte, um reflexo das crenças que carregamos sobre ele. Muitas vezes, a forma como pensamos sobre dinheiro pode nos ajudar a prosperar ou nos impedir de alcançar o sucesso financeiro que desejamos. Se você já se perguntou por que alguns parecem atrair oportunidades financeiras com facilidade enquanto outros lutam com a escassez, uma das respostas pode estar nas *crenças limitantes* que você carrega. Esse capítulo foi criado para ajudar você a identificar e transformar esses bloqueios invisíveis que, sem que perceba, estão limitando o fluxo de prosperidade em sua vida.

Para muitos de nós, falar de dinheiro é um tema delicado, pois envolve não só números, mas também emoções profundas, crenças e até mesmo memórias da infância. Crenças limitantes sobre dinheiro, mesmo que às vezes não percebamos, se formam desde cedo e se ancoram em nossa mente, moldando a forma como vemos a riqueza, as oportunidades e a abundância ao nosso redor. *Por isso, ao transformar essas crenças, você está realmente alterando a maneira como se relaciona com o mundo financeiro e as possibilidades que ele oferece.*

As Raízes das Crenças Limitantes

Antes de qualquer coisa, vamos entender o que são crenças limitantes. Uma crença limitante é um pensamento ou ideia que você acredita ser verdadeira e que restringe seu potencial de crescimento ou realização. No caso do dinheiro, essas crenças podem tomar várias formas, como *"eu não sou bom com dinheiro"*, *"dinheiro é difícil de conseguir"* ou *"somente pessoas com sorte ficam ricas"*. Elas são como óculos escuros que usamos para enxergar o mundo financeiro — distorcem a realidade, limitam nossa visão e nos fazem acreditar que somos incapazes de prosperar.

Essas crenças geralmente têm origem em influências externas: *pode ser algo que ouvimos dos nossos pais, algo que vimos na mídia ou experiências financeiras difíceis que passamos no passado.* Por exemplo, uma pessoa que cresceu em um ambiente onde o dinheiro era constantemente associado a preocupações e problemas financeiros tende a desenvolver uma relação emocional negativa com a riqueza. Sem perceber, ela carrega essas impressões na vida adulta, influenciando todas as decisões financeiras que toma.

O Impacto das Crenças Limitantes no Fluxo Financeiro

Imagine que você está tentando encher um balde com água, mas o balde está cheio de furos. Por mais que você se esforce, a água continuará vazando, e o balde nunca ficará cheio. Assim são as crenças limitantes: elas "vazam" a nossa energia e impedem que prosperemos financeiramente. *Elas bloqueiam o fluxo de riqueza, como barreiras invisíveis que criamos para nos proteger do medo, da insegurança ou da própria mudança.* Às vezes, esse bloqueio ocorre porque, de maneira inconsciente, tememos o sucesso financeiro, achando que isso trará responsabilidades que não queremos ou achando que não seremos amados se formos ricos.

Estudos mostram que a *mentalidade de escassez*, caracterizada pela crença de que os recursos são limitados e que nunca haverá o suficiente, pode influenciar diretamente o comportamento financeiro. Pessoas com essa mentalidade tendem a evitar investimentos, a se manterem em empregos pouco remunerados ou a gastar de forma impulsiva, temendo que o dinheiro desapareça a qualquer momento. A boa notícia é que essas crenças podem ser transformadas.

Mentalidade de Crescimento e Riqueza: A Chave para a Prosperidade

Enquanto crenças limitantes nos prendem, a *mentalidade de crescimento* nos impulsiona para frente. Esse conceito, amplamente estudado na psicologia, se refere à crença de que habilidades, talentos e até mesmo situações financeiras podem ser desenvolvidos e melhorados com esforço, aprendizado e persistência. Quando aplicamos essa mentalidade ao dinheiro, passamos a ver a riqueza como algo que pode ser construído, independentemente das circunstâncias. Em vez de acreditar que nascemos com sorte ou azar financeiro, adotamos a ideia de que somos *capazes de moldar nossa realidade financeira.*

A ciência nos oferece evidências de que a mentalidade de crescimento influencia diretamente nosso sucesso. Pessoas com essa mentalidade tendem a investir em educação financeira, a buscar novas oportunidades e a encarar desafios financeiros como oportunidades de aprendizado. Isso se traduz em maior capacidade de poupar, investir e multiplicar os recursos. E o mais interessante: esse tipo de mentalidade pode ser aprendido. Vamos explorar alguns exercícios que você pode começar a fazer agora para desenvolver sua mentalidade de crescimento e deixar as crenças limitantes para trás.

Exercício Prático: Identificando Suas Crenças Limitantes

Antes de transformar suas crenças, é preciso identificá-las. Reserve um momento tranquilo e faça o seguinte exercício:

1. **Anote todas as frases que vêm à sua mente quando você pensa em dinheiro.** Não filtre nada; apenas escreva. Coisas como *"não tenho dinheiro suficiente"*, *"dinheiro é a raiz de todo mal"*, *"pessoas ricas são egoístas"*, entre outras.

2. **Leia cada frase e pergunte-se: "Essa crença realmente reflete a realidade ou é apenas um pensamento que venho carregando?"** Muitas vezes, você perceberá que essas crenças são fruto de experiências passadas ou de opiniões de outras pessoas, mas que não têm uma base real no presente.

3. **Transforme cada crença limitante em uma afirmação positiva e empoderadora.** Por exemplo, se você escreveu "dinheiro é difícil de conseguir", transforme em "dinheiro chega até mim de forma abundante e natural." Repita essas novas afirmações diariamente para reprogramar sua mente.

Esse simples exercício ajuda a *expor as raízes das suas crenças financeiras e substituí-las por um novo padrão de pensamento*. Com o tempo, você notará que sua visão sobre o dinheiro se tornará mais positiva, o que abrirá espaço para novas oportunidades e conquistas.

Cultivando uma Mentalidade de Crescimento: Passo a Passo

1. **Invista em Educação Financeira:** Aprender sobre finanças pessoais, investimentos e economia é essencial para desenvolver confiança e tomar decisões mais informadas. A cada novo aprendizado, você reforça a ideia de que é capaz de crescer financeiramente.

2. **Encare os Erros como Oportunidades de Aprendizado:** Se algo deu errado, pergunte-se: *o que posso aprender com isso?* Cada erro pode ser uma lição valiosa, que o aproxima mais de suas metas financeiras.

3. **Estabeleça Metas Financeiras Realistas e Atingíveis:** A mentalidade de crescimento prospera com objetivos claros. Estabeleça metas mensuráveis e pequenas etapas que possa cumprir, mantendo a motivação e celebrando cada conquista.

4. **Cerque-se de Pessoas com Mentalidade de Crescimento:** Estar próximo de pessoas que possuem uma visão positiva e próspera ajuda você a adotar essa mentalidade também. Participe de grupos de finanças, leia histórias de sucesso e mantenha-se inspirado.

Exemplo Real: A Transformação de Juliana

Juliana é um exemplo claro de como a mudança de crenças pode transformar uma vida financeira. Desde jovem, ela acreditava que dinheiro era difícil de conseguir e que, para ter uma vida financeira estável, precisaria abrir mão de coisas importantes, como tempo e liberdade. Ao começar a trabalhar, seus gastos eram impulsivos e o medo de nunca ter o suficiente a fazia tomar decisões erradas. Juliana estava presa em um ciclo de escassez.

Certo dia, lendo sobre mentalidade de crescimento, ela decidiu questionar essas crenças. Ela começou a ver o dinheiro como uma ferramenta que poderia servir para proporcionar uma vida melhor, e não como algo que deveria temer. *Com essa nova visão, Juliana fez um plano de ação, começou a estudar finanças, definiu metas claras e aos poucos foi mudando seus hábitos.* Hoje, ela não só conquistou a segurança financeira que buscava, como também descobriu que o dinheiro pode ser uma fonte de liberdade e realizações, e não de medo.

Transforme Suas Crenças e Transforme Sua Vida

Desvendar a mentalidade de riqueza é um processo poderoso de autodescoberta. A cada crença limitante superada, você se aproxima de uma realidade financeira mais próspera e alinhada com seus desejos. *Lembre-se de que você tem o poder de moldar sua relação com o dinheiro.* Como Juliana e tantas outras pessoas que ousaram mudar, você também pode abrir as portas para a prosperidade ao acreditar que é possível.

Ao aplicar esses conceitos e exercícios em sua vida, você estará dando passos concretos para transformar sua mentalidade e, como consequência, sua realidade financeira. Afinal, a verdadeira riqueza não começa na conta bancária, mas na sua mente.

CAPÍTULO 2: VISUALIZAÇÃO FINANCEIRA AVANÇADA

"A riqueza começa na mente, antes de surgir em qualquer conta bancária."

Você sabia que a maneira como imaginamos nossa vida financeira pode moldar, literalmente, as conexões do nosso cérebro para alcançar o sucesso? Esse poder da mente de "criar o que ainda não existe" não é apenas uma habilidade artística ou intuitiva; é um processo que se baseia em ciência e prática. Vamos explorar como a visualização pode ser o caminho para transformar ideias em realidades financeiras prósperas.

A Ciência da Visualização Financeira: Moldando o Cérebro para o Sucesso

A visualização é um exercício poderoso, e não apenas para quem pratica esportes de alta performance ou outras atividades de concentração. Quando visualizamos repetidamente o mesmo cenário ou objetivo, *o nosso cérebro começa a tratar essa imagem mental como se fosse uma experiência real*. Pesquisas sobre neuroplasticidade, a capacidade do cérebro de se reconfigurar, mostram que o cérebro não distingue bem entre o que imaginamos de forma vívida e o que realmente vivemos. Ele responde aos dois da mesma forma.

Por exemplo, um estudo da Universidade de Harvard demonstrou que pessoas que visualizam repetidamente uma meta têm mais chances de atingi-la. *Essa prática aumenta a motivação e ativa áreas do cérebro associadas ao planejamento e à execução.* Assim, ao usar a visualização financeira, você está, na verdade, "treinando" seu cérebro para se tornar mais receptivo a oportunidades de prosperidade e para perceber e buscar caminhos que levem ao sucesso.

O segredo da visualização financeira não está em desejar dinheiro de forma vaga ou apenas pensar "quero ser rico". A visualização financeira eficaz deve ser clara, detalhada e emocional. Ela envolve criar um cenário que conecte as sensações da mente e do corpo, permitindo que você se veja, mentalmente, já alcançando seus objetivos financeiros e sentindo a satisfação e a segurança que vêm com isso. *"Seja específico,"* orientam muitos especialistas em visualização, pois quanto mais detalhes, mais realista se torna a imagem mental, e o impacto sobre o cérebro é intensificado.

Prática de Visualização Guiada: O Poder da Imagem Mental com Intenção

Para que essa técnica funcione, você pode usar a visualização guiada, uma prática que conduz a mente através de um processo bem orientado e focado. Experimente dedicar alguns minutos diários a uma prática de visualização guiada para fortalecer a sua "musculatura mental" de riqueza. Vamos a um exercício:

1. **Escolha um lugar tranquilo e confortável**, onde possa relaxar sem interrupções.

2. **Feche os olhos e respire profundamente** três vezes, focando em cada inspiração e expiração.

3. **Imagine uma cena específica** em que você já conquistou a liberdade financeira que deseja. Pense nos detalhes: *onde você está, o que está fazendo e com quem está.* Sinta a alegria e a gratidão de estar vivendo aquele momento.

4. **Conecte-se com as sensações corporais.** Sinta a calma, a confiança e a satisfação em seu corpo, como se aquele momento fosse real.

5. **Pratique a repetição desta visualização diariamente.** Se possível, faça-a no mesmo horário, de modo a criar uma rotina

mental.

Esse tipo de prática pode parecer simples, mas seus efeitos são profundos. Estudos mostram que a repetição de visualizações aumenta a neuroplasticidade e reforça as conexões neurais que favorecem o comportamento voltado para metas.

Técnicas Criativas de Visualização: Explorando Novas Formas de Pensar sobre a Riqueza

Além da visualização guiada, há formas criativas de ampliar a prática e integrá-la à sua vida diária. Considere a visualização criativa como uma maneira de tornar o processo ainda mais impactante e agradável. Algumas abordagens que podem ajudar incluem:

- **Quadros de Visão Financeira**: Monte um quadro de visão (ou vision board) que seja visualmente inspirador, reunindo imagens que representem o seu objetivo financeiro. Pode ser uma foto de uma casa, um carro, um ambiente de trabalho dos seus sonhos. Pendure-o em um local visível para que você possa olhar para ele todos os dias, lembrando-se de sua meta.

- **Diário de Visualização**: Tenha um caderno ou diário onde você descreva, em detalhes, seu futuro financeiro como se ele já estivesse acontecendo. *Use o presente*, por exemplo: "Hoje, tenho uma vida abundante e confortável. A cada mês, novos recursos entram e eu continuo avançando com segurança financeira."

- **Exploração dos Sentidos**: Ao visualizar, tente envolver todos os sentidos – pense em como você se sente ao tocar no volante do carro novo, ao ouvir o som da sua casa em um bairro tranquilo, ao sentir o cheiro de um ambiente de trabalho inspirador. Essa prática reforça ainda mais as imagens mentais.

- **Meditação Visual para Riqueza**: Pratique uma meditação focada em riqueza, que começa com a respiração, avançando para uma visualização específica. Imagine o dinheiro fluindo de forma saudável em sua vida, com cada nota e cada moeda chegando com fluidez e constância.

Essas práticas ajudam a solidificar a visualização, criando uma experiência quase tátil do seu objetivo. É essa clareza que impulsiona o cérebro a trabalhar em direção ao que ele percebe como uma realidade tangível.

Estudos de Caso: Visualização na Vida Real

Quer saber como isso funciona na prática? Vamos a alguns exemplos inspiradores que mostram como a visualização foi uma ferramenta de mudança real para quem buscava prosperidade.

Sara, uma empreendedora em ascensão, estava lutando para estabelecer seu negócio. Todos diziam a ela que o mercado era competitivo demais, mas ela sentia que havia um lugar para sua ideia. Decidida, Sara passou a praticar a visualização financeira. Todos os dias, *ela se via assinando contratos, recebendo pagamentos e vendo seu negócio florescer.* Em menos de um ano, suas práticas de visualização, combinadas com trabalho árduo, se transformaram em realidade: seu negócio estava prosperando e ela expandia seu mercado.

Outro exemplo é o de *Rafael*, um funcionário que sonhava em melhorar sua condição financeira para dar estabilidade à família. Ele usou uma técnica de visualização guiada, focando-se diariamente em ver-se em uma posição financeira melhor. Meses depois, Rafael relatou uma nova motivação em seu trabalho e um aumento em suas economias. Ele afirma que, ao visualizar o sucesso, começou a enxergar mais oportunidades e a assumir riscos calculados, como investir em cursos que o qualificaram para promoções.

Esses casos ilustram que a visualização não é apenas um exercício mental, mas uma prática que reforça o comportamento positivo e a tomada de decisão assertiva, aproximando as pessoas de seus objetivos financeiros.

Prática e Persistência: Implementando a Visualização na Rotina

Uma prática consistente é fundamental para que a visualização seja realmente eficaz. *A chave está na persistência.* Visualizar sua meta uma ou duas vezes pode ajudar, mas é a continuidade que faz com que a imagem mental se estabeleça no subconsciente, influenciando as escolhas diárias.

Aqui está um passo a passo de como você pode incluir a visualização financeira na sua rotina:

1. **Comece o Dia com uma Visualização Curta**: Logo ao acordar, reserve dois minutos para visualizar o dia ideal. Imagine as oportunidades financeiras surgindo e as ações que você tomará para aproveitá-las.

2. **Visualização Noturna**: Antes de dormir, dedique alguns minutos para revisar mentalmente o seu objetivo financeiro a longo prazo. Reforce a visualização do que deseja conquistar.

3. **Reafirmação Durante o Dia**: Sempre que possível, reafirme mentalmente sua visão. Pequenos lembretes ao longo do dia fortalecem o compromisso com seus objetivos.

4. **Prática Semanal de Visualização Completa**: Escolha um dia da semana para fazer uma visualização completa, em que você possa realmente se dedicar e visualizar com detalhes todos os aspectos do seu objetivo financeiro.

Cultivando a Mentalidade de Prosperidade com a Frequência do Dinheiro

Visualizar é também uma maneira de sintonizar a sua mentalidade com a frequência do dinheiro, um conceito que sugere que pensamentos de abundância atraem prosperidade. *Imagine a frequência do dinheiro como uma onda de energia que responde aos nossos pensamentos e emoções.* Quando a mente e o corpo se sintonizam com essa energia de abundância, você tende a agir de maneira mais aberta a novas oportunidades financeiras.

Ao conectar-se com a frequência do dinheiro, visualize-se não apenas atingindo um número ou meta específica, mas sentindo-se seguro, satisfeito e merecedor de tudo o que chega até você. Essa prática, ao longo do tempo, fortalece a autoconfiança e o otimismo, impulsionando-o para ações inspiradas.

A visualização financeira é muito mais do que um exercício de imaginação. Ela é uma ferramenta poderosa que transforma a mente e o cérebro para enxergar, atrair e criar oportunidades de riqueza. Ao treinar o cérebro com visualizações claras e detalhadas, você não apenas reforça seu desejo por prosperidade, mas também se prepara para abraçar as chances que aparecem.

CAPÍTULO 3: A ENERGIA DA GRATIDÃO E O DINHEIRO

"A gratidão não enriquece a conta bancária, mas transforma o modo como você vê e lida com o dinheiro."

Quantas vezes você já agradeceu pelo dinheiro que tem, pelo que já conquistou, ou até pelo que ainda está a caminho? No dia a dia, é comum focarmos na falta, nas contas a pagar e no medo de não termos o suficiente. Mas, e se eu te dissesse que o segredo para uma vida financeira mais próspera está, na verdade, na gratidão? A gratidão é mais do que uma emoção passageira; ela é uma prática, uma forma de atrair energia positiva e mudar a frequência na qual você vive, o que, consequentemente, impacta a sua relação com o dinheiro.

A Gratidão como Catalisador de Abundância

A ciência e a espiritualidade têm algo importante

em comum: ambas nos dizem que aquilo em que focamos tende a crescer em nossas vidas. *Quando agradecemos pelo que já temos, estamos, em essência, sinalizando para o universo (ou para a nossa própria mente) que merecemos e estamos prontos para receber mais.* A gratidão, então, se torna um imã, um catalisador de abundância.

Imagine o dinheiro como uma planta que você cultiva. Se você a negligencia, reclamando que ela não cresce rápido o suficiente, a planta tende a murchar. No entanto, se você a rega com cuidado e gratidão, ela prospera. A mesma lógica se aplica ao dinheiro. Quando você vê o dinheiro como um recurso limitado, escasso e difícil de manter, sua energia para atrair mais dele diminui. Mas, ao agradecer cada moeda, cada oportunidade e cada recurso que chega até você, *você ativa uma energia que atrai mais abundância.*

Esse princípio também é respaldado por estudos científicos que mostram que *praticar a gratidão reduz o estresse e aumenta o bem-estar*, o que pode impactar diretamente a nossa capacidade de tomar decisões financeiras mais assertivas e conscientes. Em uma pesquisa realizada pela Universidade da Califórnia, liderada por Robert Emmons, foi constatado que pessoas que praticam a gratidão de forma regular relatam menos sentimentos de inveja e maior satisfação com a própria vida, fatores que, indiretamente, influenciam até mesmo a forma como lidam com o dinheiro.

Exercícios Diários de Gratidão Financeira

Agora, você deve estar se perguntando: "Como posso aplicar essa prática de gratidão no meu cotidiano financeiro?" Vou te guiar por alguns exercícios simples, mas poderosos, para que você comece a sentir essa transformação.

1. Diário de Gratidão Financeira

Todas as noites, antes de dormir, anote três coisas relacionadas ao dinheiro ou aos recursos materiais pelos quais você é grato. Pode ser qualquer coisa: uma conta que conseguiu pagar, um presente que recebeu, ou mesmo a possibilidade de ter um teto sobre sua cabeça. *Esse exercício vai ajudar a redirecionar o seu foco para o que você já tem*, reduzindo o medo da escassez e aumentando a sensação de plenitude.

2. Agradeça Cada Pagamento

Cada vez que fizer um pagamento — seja uma conta de luz, uma parcela de empréstimo, ou uma compra no mercado — *agradeça*. Pode parecer simples, mas esse ato transforma o pagamento de um "gasto" para uma "troca de energia". Ao agradecer, você se lembra de que esse dinheiro está servindo a um propósito e, assim, cria uma relação mais harmoniosa com as suas finanças.

3. Visualização da Abundância

Esse exercício envolve imaginar a vida financeira dos seus sonhos e agradecer como se ela já fosse realidade. *Feche os olhos, visualize-se em uma situação financeira confortável e agradeça profundamente por isso.* Quando você pratica essa visualização com gratidão, sua mente começa a trabalhar a favor de seus objetivos financeiros, tomando decisões mais alinhadas a essa visão de abundância.

Esses pequenos rituais de gratidão, quando praticados diariamente, têm o poder de transformar sua mentalidade e, ao longo do tempo, criar um fluxo mais positivo de dinheiro em sua vida.

Evidências Científicas do Impacto da Gratidão

A gratidão não é só uma prática espiritual ou motivacional; ela também tem bases científicas sólidas. Estudos mostram que a gratidão pode reduzir os níveis de cortisol, o hormônio do estresse, enquanto aumenta a produção de dopamina, o "hormônio do prazer" [Emmons & McCullough, 2003] . Quando estamos mais calmos e satisfeitos, tendemos a tomar decisões mais racionais e ponderadas — incluindo as financeiras.

Outro estudo interessante, publicado pela American Psychological Association, demonstrou que pessoas que cultivam a gratidão com frequência possuem uma percepção mais otimista da vida e uma maior capacidade de resiliência em momentos de crise financeira. *Ou seja, a gratidão não só melhora nossa relação com o dinheiro, mas também nos fortalece para lidar com os desafios financeiros inevitáveis que surgem pelo caminho.*

A curiosidade aqui é que, segundo essa mesma pesquisa, pessoas que praticam a gratidão estão mais propensas a se engajar em comportamentos de economia e investimento. *Por quê? Porque a gratidão promove uma sensação de segurança e contentamento com o presente, o que diminui a necessidade de gastar impulsivamente na busca por gratificação imediata.*

Um Passo a Passo para Implementar a Gratidão Financeira

1. **Inicie um Ritual de Manhã e à Noite:** Comece e termine o dia agradecendo por uma coisa específica relacionada ao seu bem-estar financeiro.

2. **Tenha um Objeto Simbólico:** Escolha um objeto que simbolize abundância para você, como uma moeda ou uma pedra, e carregue com você. *Sempre que se sentir ansioso em relação a dinheiro, segure-o e agradeça pelo que já possui.*

3. **Revise suas Finanças com Gratidão:** Faça uma revisão de suas despesas e ganhos do mês com o propósito de encontrar motivos para agradecer. Esse exercício pode ajudar a criar uma relação mais positiva com o dinheiro e reduzir o estresse financeiro.

4. **Use Frases de Agradecimento:** Crie o hábito de agradecer mentalmente ou em voz alta cada vez que recebe qualquer valor. Diga algo como: *"Sou grato por esse dinheiro*

que recebi, e o recebo com alegria e sabedoria."

5. **Pratique a Generosidade Consciente:** Doe uma pequena quantia ou ajude alguém que precise. *A generosidade é uma extensão da gratidão e cria um fluxo de energia positiva ao seu redor, além de reforçar a sensação de abundância.*

Histórias de Transformação com a Gratidão Financeira

Quero compartilhar com você a história de Ana, uma amiga que sempre via o dinheiro com uma mistura de medo e insatisfação. Ela trabalhava incansavelmente, mas parecia que o dinheiro "sumia" antes mesmo do fim do mês. Quando Ana começou a praticar a gratidão, a princípio se sentiu cética. Como agradecer algo que parecia estar sempre em falta?

Mas, pouco a pouco, ela começou a ver mudanças. *Ela passou a agradecer cada pequena vitória financeira,* como conseguir pagar uma conta sem atrasos ou economizar uma pequena quantia. Em um ano, ela relatou que sua ansiedade financeira havia reduzido drasticamente e que havia acumulado mais economia do que em anos anteriores. A gratidão não "trouxe" dinheiro magicamente, mas transformou sua relação com ele, o que facilitou a criação de novas oportunidades e comportamentos financeiros.

O Dinheiro Como Frequência: Conectando-se com a

Abundância

Por fim, é importante lembrar que o dinheiro também é uma forma de energia, uma frequência. Quando você vibra em sintonia com a abundância, *abandonando o medo e cultivando gratidão*, você se alinha naturalmente à frequência do dinheiro. É como uma estação de rádio: para ouvir uma música específica, você precisa sintonizar a estação certa. A gratidão é o botão que ajusta a sintonia para uma estação de abundância.

Experimente essa prática e observe como ela muda não apenas sua relação com o dinheiro, mas também a forma como você se sente em relação a si mesmo e à vida. *Você tem as ferramentas para transformar sua vida financeira e criar a abundância que deseja.* Basta começar hoje, com um simples ato de gratidão.

CAPÍTULO 4: AFIRMAÇÕES E PROGRAMAÇÃO MENTAL PARA ABUNDÂNCIA

"Você é o que você acredita que é. E o que você acredita define o que você atrai."

Já reparou como certos pensamentos parecem guiar nossas ações e até moldar nossa realidade? Muitas vezes, essas crenças passam despercebidas, funcionando como programações automáticas, gravadas em nosso subconsciente. E o que são essas crenças? Nada mais que ideias, repetidas vezes, até que se tornaram parte de nós. Agora, imagine que você pode escolher conscientemente essas ideias, substituindo as antigas e negativas por outras que reforcem a prosperidade e a abundância. Essa é a mágica das afirmações e da programação mental. Neste capítulo, você vai aprender a criar afirmações poderosas para transformar sua relação com o dinheiro e a reprogramar sua mente para a prosperidade.

Como Funcionam as Afirmações e Sua Influência no Subconsciente

As afirmações são frases positivas que repetimos intencionalmente para influenciar nossos pensamentos e emoções. Mas elas não são apenas palavras vazias; *são ferramentas capazes de reconfigurar o subconsciente.* Quando repetimos uma afirmação, estamos literalmente "martelando" uma ideia em nossa mente, e, com o tempo, ela se torna parte do nosso sistema de crenças.

Nosso subconsciente é uma espécie de "banco de dados", onde ficam armazenadas todas as experiências e crenças que adquirimos ao longo da vida. Ele absorve o que repetimos com frequência e age de acordo com essas informações, influenciando desde nossas decisões até a forma como enxergamos o mundo. *Por isso, mudar o que repetimos mentalmente pode reescrever as bases da nossa realidade.*

De acordo com um estudo publicado pela American Psychological Association, pessoas que repetem afirmações positivas demonstram maior resiliência e autoconfiança, o que as leva a tomar decisões mais alinhadas com seus objetivos. Aplicar essa prática na vida financeira é como plantar sementes de prosperidade em sua mente, mudando, aos poucos, o modo como você lida com o dinheiro.

Formulando Afirmações Financeiras Eficazes

Agora que você já sabe o que são afirmações, como criar aquelas que realmente fazem diferença? Vou compartilhar um passo a passo prático para que você possa construir afirmações que ressoem profundamente com sua mente e tragam resultados.

1. Use Frases no Presente

É importante que as afirmações estejam sempre no tempo presente, como se o que você deseja já estivesse acontecendo. *Dizer "eu sou próspero" é mais poderoso do que "eu serei próspero"*, pois o subconsciente não entende o futuro — ele responde ao presente.

2. Seja Específico

Afirmações vagas, como "quero ter mais dinheiro", têm menos impacto. Em vez disso, foque em algo mais concreto, como "eu atraio novas oportunidades de renda todos os dias" ou "eu administro bem o dinheiro que recebo, e ele cresce constantemente."

3. Adicione Emoção

A emoção é o combustível das afirmações. Quando você coloca emoção em uma frase, ela se torna muito mais potente, pois seu subconsciente capta essa intensidade. Imagine-se dizendo "eu sou digno de toda a abundância que o universo oferece" com alegria e gratidão. *Quanto mais sentimentos positivos você coloca, mais profunda é a gravação que faz em seu subconsciente.*

4. Evite Negativas

Evite palavras negativas nas afirmações, pois o subconsciente tende a ignorar a negação e focar apenas no restante da frase. Por exemplo, "não quero ter dívidas" pode ser interpretado como "quero dívidas" pelo subconsciente. *Formule a afirmação de forma positiva, como "eu tenho controle total sobre minhas finanças e prospero com elas."*

5. Escolha Afirmações Alinhadas aos Seus Valores

Se a afirmação não parece autêntica ou não faz sentido para você, ela não terá o mesmo impacto. As afirmações devem refletir seus valores e crenças mais profundos. *Por exemplo, se você valoriza a liberdade, use afirmações que enfatizem como o dinheiro aumenta sua liberdade e autonomia.*

Exemplos de Afirmações para Abundância Financeira

Aqui estão algumas sugestões de afirmações que você pode começar a repetir diariamente. Escolha aquelas que mais ressoam com você ou adapte-as para criar versões ainda mais pessoais.

1. *"Eu atraio riqueza e prosperidade de maneira constante e abundante."*

2. *"Eu sou digno e mereço toda a abundância que o universo tem para oferecer."*

3. *"Eu administro meu dinheiro com sabedoria, e*

ele cresce a cada dia."

4. *"Eu sou grato por todas as oportunidades financeiras que surgem em minha vida."*

5. *"A cada dia que passa, eu fico mais alinhado com a frequência da prosperidade."*

Experimente repetir essas frases logo ao acordar e antes de dormir. A ideia é que essas afirmações se tornem parte da sua rotina, como um lembrete diário de que você está no caminho da abundância.

Métodos Comprovados de Reprogramação Mental para Prosperidade

Além das afirmações, existem técnicas que ajudam a reprogramar a mente para atrair e aceitar a prosperidade. Vou compartilhar três métodos eficazes para que você possa complementar as afirmações e acelerar ainda mais seu progresso.

1. Visualização Criativa

A visualização criativa é uma técnica poderosa para construir uma imagem mental clara da realidade que você deseja. *Funciona como um filme que você passa na sua mente*, onde você se vê experimentando todas as bênçãos da abundância financeira.

Para aplicar essa técnica, encontre um lugar tranquilo, feche os olhos e comece a imaginar-se vivendo a vida financeira dos seus sonhos. Tente incluir o máximo de detalhes possível: *o que você vê ao seu redor, como se sente, quem está com você?* Quanto mais realista e envolvente for a visualização, mais impacto ela terá sobre o seu subconsciente.

2. Ancoragem Emocional

A ancoragem emocional consiste em associar uma emoção forte a uma afirmação ou visualização. Esse método é muito usado em Programação Neurolinguística (PNL) e ajuda a reforçar ainda mais a mensagem no subconsciente. *Quando você cria uma âncora emocional, a afirmação se torna mais poderosa.*

Experimente associar uma sensação de alegria, gratidão ou realização a uma de suas afirmações favoritas. Para isso, basta dizer a frase e, ao mesmo tempo, lembrar-se de um momento de grande alegria ou gratidão. Com o tempo, seu cérebro passa a associar a afirmação com essa emoção, potencializando o efeito.

3. Auto-Hipnose para Abundância

A auto-hipnose é uma ferramenta poderosa para acessar o subconsciente e instalar crenças positivas. Você pode fazer isso ouvindo gravações guiadas ou mesmo criando um script de auto-hipnose com as afirmações de prosperidade que mais deseja. *Esse método funciona porque, em estado de hipnose, a mente está mais receptiva a novas ideias.*

Para começar, sente-se em um local confortável, relaxe, e ouça uma gravação que foque em abundância e prosperidade. Você também pode gravar a si mesmo repetindo suas afirmações e escutá-las enquanto relaxa. A repetição e o estado de calma mental facilitam a absorção das novas ideias.

A Linguagem dos Milionários

Uma curiosidade interessante é que pessoas com grande sucesso financeiro muitas vezes têm algo em comum: *elas usam uma linguagem positiva e otimista ao falar sobre dinheiro e oportunidades.* Em vez de dizer "não posso" ou "não tenho o suficiente", elas dizem coisas como "eu vou descobrir uma maneira" ou "eu posso fazer isso acontecer." Esse tipo de linguagem reflete uma mentalidade de abundância que, por sua vez, atrai mais oportunidades.

Pesquisadores de Harvard descobriram que esse padrão linguístico otimista não só aumenta a autoconfiança, mas também reduz o estresse e aumenta a resiliência, fatores fundamentais para o sucesso financeiro [Seligman, 2002] .

Um Passo a Passo para Aplicar as Técnicas de Reprogramação

Aqui está um guia prático para que você possa implementar tudo o que aprendeu neste capítulo:

1. **Escolha de 3 a 5 afirmações poderosas que ressoem com você** e repita-as todos os dias, pela manhã e à noite.

2. **Pratique a visualização criativa por pelo menos 5 minutos diários**, imaginando-se em uma vida de abundância financeira.

3. **Crie uma âncora emocional** associada à sua afirmação favorita. Sinta-se realmente alegre e grato ao repeti-la.

4. **Experimente a auto-hipnose** com uma gravação guiada ou grave suas próprias afirmações. Escute-as em um momento de relaxamento, para maior absorção.

5. **Evite linguagem negativa ou limitante sobre dinheiro**, e substitua por palavras de abundância e possibilidade.

Histórias de Sucesso com Afirmações e Reprogramação Mental

Para ilustrar a força dessas técnicas, quero compartilhar a história de Carlos, um empresário que sempre teve dificuldade em atingir seus objetivos financeiros. Carlos era cético quanto ao poder das afirmações, mas decidiu dar uma chance. Ele começou com afirmações simples, repetindo todos os dias que era capaz e merecedor da prosperidade. Aos poucos, notou que sua autoconfiança aumentou e que começou a tomar decisões mais audaciosas e assertivas nos negócios. Após alguns meses, ele relatou um aumento significativo em sua renda, e uma mudança completa em sua visão de vida.

Lembre-se: você também pode transformar sua vida financeira e viver em abundância. Essas técnicas são como um treino para a mente — quanto mais você pratica, mais forte se torna sua mentalidade de prosperidade.

CAPÍTULO 5: O PODER DO DESAPEGO

"O verdadeiro poder não está em segurar, mas em saber soltar."

É curioso como o conceito de desapego pode parecer contraditório quando falamos em atrair prosperidade financeira. Para muitos, a ideia de "deixar ir" ou "desapegar" do dinheiro soa como um risco que ninguém quer correr. Afinal, como poderíamos obter algo se, em primeiro lugar, deixamos de lado a necessidade de ter aquilo? No entanto, o desapego é uma das chaves para que o dinheiro flua em sua vida. *Ao abrir mão da ansiedade e da obsessão com o resultado financeiro, você permite que a energia do dinheiro se mova livremente, encontrando caminhos para chegar até você.*

Muitas tradições espirituais e práticas de mindfulness falam sobre a importância de se libertar das amarras do apego. E, embora isso possa parecer um conceito abstrato, há uma razão prática e científica por trás dele. *Quando estamos apegados a um resultado específico, criamos tensão, e essa tensão fecha a nossa mente para alternativas e oportunidades.* Já reparou como, quando está obcecado por algo, as chances parecem escassas? E, ao contrário, quando estamos mais relaxados, parece que novas oportunidades surgem com mais facilidade?

Vamos explorar como você pode aplicar o poder do desapego em sua vida financeira de maneira prática e acessível. Também veremos histórias de pessoas que conseguiram transformar suas finanças ao entender e praticar o desapego com sabedoria e equilíbrio.

Por que o Desapego Permite o Fluxo do Dinheiro

Primeiro, é importante entender o que realmente significa desapegar-se do dinheiro. Não é desprezar o valor dele ou "abandonar" suas finanças. Pelo contrário, desapegar-se é o ato de se libertar da pressão, da ansiedade e do medo que a obsessão pelo dinheiro pode gerar. Quando você está constantemente preocupado com a escassez ou com a necessidade de acumular, sua mente fica fechada e estagnada. *A energia do dinheiro precisa de liberdade para circular*, assim como o ar que respiramos ou a água que flui em um rio. Se você coloca uma represa na corrente, bloqueia o fluxo.

Em termos práticos, o desapego financeiro envolve desenvolver uma confiança em si mesmo e em suas habilidades para atrair recursos. Quando você não está desesperadamente fixado em controlar o fluxo financeiro, ganha clareza e tranquilidade para enxergar oportunidades que podem trazer prosperidade. *O dinheiro flui para onde há abertura e disposição para recebê-lo sem medo.*

Muitas pessoas notam que a obsessão com o dinheiro pode até afastar oportunidades. Um exemplo simples: imagine que você está tão preocupado em economizar a cada centavo que deixa de investir em algo que realmente faria diferença para sua carreira. Esse apego à "economia" pode significar perder de vista uma chance maior de crescimento. O desapego, por outro lado, permite que você faça escolhas com clareza e visão de longo prazo, em vez de ser guiado apenas pelo medo de perder.

Práticas de Desapego Financeiro: Exercícios e Técnicas

Para desapegar de forma equilibrada, é essencial praticar algumas técnicas que o ajudem a se sentir mais seguro e tranquilo quanto à sua relação com o dinheiro. Aqui vão algumas práticas simples e poderosas para implementar o desapego financeiro:

1. **Defina suas metas financeiras, mas solte o controle excessivo sobre elas**

Comece estabelecendo metas claras para sua vida financeira – *uma poupança para emergências, um valor específico para investimentos ou um projeto que gostaria de realizar.* Uma vez que essas metas estejam definidas, foque em agir de forma consistente, mas sem se agarrar obsessivamente ao resultado. Mantenha-se atento às suas metas, mas confie que, ao seguir suas estratégias, o caminho será construído gradativamente.

2. Pratique a gratidão financeira

O desapego pode ser muito facilitado com a prática da gratidão. Faça um exercício diário ou semanal: *anote cinco aspectos positivos relacionados ao dinheiro que você já tem em sua vida.* Podem ser desde pequenas conquistas, como pagar uma conta em dia, até receber um elogio pelo seu trabalho. *Esse exercício ajuda a mudar o foco da escassez para a abundância*, alimentando a confiança de que o que você precisa está em seu alcance.

3. Desenvolva o hábito de doar regularmente

A doação é uma maneira prática e poderosa de desapegar-se. E não estamos falando apenas de grandes somas. Pode ser uma pequena quantia para uma causa que você acredita, ou até mesmo ajudar um amigo. *Quando você se permite doar, está sinalizando para si mesmo que confia na sua capacidade de ganhar mais.* Estudos mostram que a doação ativa áreas do cérebro relacionadas ao bem-estar e à sensação de abundância. Ao praticar o ato de doar, você automaticamente reduz o medo da perda e cultiva uma mentalidade mais tranquila em relação ao dinheiro.

4. Deixe o dinheiro circular

conscientemente

Pratique o "deixar fluir". *Quando receber uma quantia inesperada, pense em formas conscientes de utilizá-la, sem ansiedade em economizar cada centavo.* Isso pode significar investir em algo que você gosta, uma experiência que valorize seu bem-estar ou um curso para aprimorar suas habilidades. Ao perceber o dinheiro circulando e retornando a você, é mais fácil confiar no fluxo financeiro.

Estudo de Casos: O Desapego na Prática

Para entender melhor o impacto do desapego financeiro, vamos a algumas histórias inspiradoras que ilustram como essa prática pode transformar vidas.

Luiza era uma mulher que, após anos de instabilidade financeira, passou a poupar obsessivamente cada centavo, recusando-se até a gastar com necessidades básicas, o que acabava afetando sua saúde e bem-estar. Quando conheceu a prática do desapego, ela passou a estabelecer um pequeno "fundo de experiências" – um valor destinado a gastos que realmente a deixassem feliz. Aos poucos, ela percebeu que seu relacionamento com o dinheiro ficou mais leve e que, paradoxalmente, *quanto menos se apegava ao controle absoluto, mais oportunidades surgiam.* Hoje, Luiza administra seu dinheiro com mais equilíbrio e relata que a confiança em si mesma e nas possibilidades ao seu redor aumentaram significativamente.

Outro exemplo é o de *Carlos*, um jovem empresário que, ao abrir seu próprio negócio, sentia uma grande pressão por lucro imediato. Ele conta que passava noites sem dormir, planejando cada detalhe e se preocupando constantemente com o caixa. Foi então que um mentor sugeriu que ele adotasse uma mentalidade mais desapegada em relação ao negócio. *"Foque em oferecer o melhor serviço, e o retorno virá naturalmente,"* aconselhou o mentor. Com o tempo, Carlos começou a praticar o desapego. Ele percebeu que, ao se concentrar em fornecer um serviço de qualidade e deixar de lado a ansiedade pelo retorno imediato, os clientes começaram a valorizar mais o trabalho dele e o negócio floresceu. Hoje, Carlos sempre repete para si mesmo: *"Confiar no fluxo é a base da minha prosperidade."*

Transformando a Mentalidade: O Equilíbrio Entre o Desapego e a Responsabilidade

Desapegar-se do dinheiro não significa negligenciar sua vida financeira. Pelo contrário, *é um equilíbrio entre responsabilidade e confiança*, que permite uma relação mais saudável com o dinheiro. Estabelecer uma rotina financeira sólida, como planejamento e controle de gastos, é essencial. No entanto, uma vez feito isso, o desapego ajuda a evitar que a pressão e o medo dominem as decisões.

Esse equilíbrio pode ser comparado ao ato de segurar uma bola de areia. *Quanto mais você aperta a mão, mais areia escapa pelos dedos.* O mesmo acontece com o dinheiro: quanto mais você se apega ao controle absoluto, mais oportunidades podem se perder. Ao soltar um pouco o controle, deixando a bola de areia mais leve na mão, você a mantém segura, mas com liberdade para fluir.

Aqui estão alguns passos para equilibrar o desapego com a responsabilidade:

1. **Revise suas metas periodicamente**: Planeje suas finanças, mas estabeleça intervalos para revisar suas metas e necessidades. Isso ajuda a manter o foco sem ser sufocado pelo controle diário.

2. **Pratique a confiança em si mesmo e nas suas habilidades**: Trabalhe para desenvolver habilidades que aumentem sua segurança financeira, mas confie que o seu esforço trará resultados no tempo certo.

3. **Evite o medo do gasto com propósito**: Se você identificar um gasto que pode realmente ajudar no seu desenvolvimento pessoal ou em seu bem-estar, permita-se investir. O retorno emocional e psicológico também é uma forma de prosperidade.

Cultivando a Frequência do Dinheiro Através do Desapego

Ao desapegar-se, você começa a operar em um nível mais elevado de abundância e prosperidade. *A frequência do dinheiro, como alguns chamam, responde à mentalidade de abertura e fluidez.* Quando você confia no fluxo financeiro e no seu próprio valor, o dinheiro flui naturalmente. Por outro lado, quando há medo e tensão, o fluxo é bloqueado.

Imagine a frequência do dinheiro como uma dança: quando você está leve e sincronizado com o ritmo, os passos fluem e se tornam naturais. *Assim como na dança, no fluxo do dinheiro é preciso encontrar o ritmo e deixar o movimento seguir.* Cultivar o desapego é como sintonizar-se com essa frequência, permitindo que o dinheiro flua sem que você precise forçar cada passo.

Pratique o Desapego e Aumente sua Liberdade Financeira

Ao final deste capítulo, fica o convite para que você experimente aplicar essas práticas de desapego financeiro no seu dia a dia. O poder do desapego não está em abrir mão dos seus sonhos, mas em confiar no processo e em liberar-se da pressão constante por controle absoluto. *Com o equilíbrio certo entre responsabilidade e confiança, você permite que a energia do dinheiro flua de maneira mais natural, tornando a prosperidade uma presença constante na sua vida.*

O desapego não é uma prática de perda, mas sim de ganho – ganho de liberdade, de confiança e de clareza. Ao abrir mão do medo e do apego, você ganha um novo relacionamento com o dinheiro, que o ajudará a construir a vida de abundância que merece.

CAPÍTULO 6: AÇÕES E PRÁTICAS ALINHADAS COM A ABUNDÂNCIA

"A prosperidade é um estado de ser, mas é construída com ações diárias."

Se você deseja alcançar a verdadeira abundância financeira, precisa entender que pensamentos e afirmações são apenas uma parte do processo. Para que o dinheiro flua com facilidade e constância, é essencial que as ações do seu dia a dia estejam em harmonia com essa intenção de prosperidade. Ou seja, além de cultivar a mentalidade de abundância, é necessário alinhar suas práticas financeiras com essa nova visão.

A boa notícia é que você pode começar agora, independentemente do ponto em que esteja. Neste capítulo, vamos explorar práticas concretas para atrair prosperidade através da gestão financeira consciente, do planejamento e da organização. E, o mais importante, você verá como pequenas ações diárias podem criar uma mentalidade próspera e duradoura.

Estratégias Práticas de Gestão Financeira para Atrair Prosperidade

Quando falamos em prosperidade, é comum pensarmos em sorte, oportunidades inesperadas ou até em ganhos repentinos. Mas, na verdade, prosperidade financeira é algo que construímos. Não importa quanto dinheiro você tem hoje; o que importa é como você lida com ele. *A gestão financeira é uma ferramenta essencial para criar e manter abundância.*

1. Estabeleça Metas Claras

A primeira ação prática para atrair prosperidade é definir metas financeiras claras. *É mais difícil prosperar sem um destino específico.* Imagine que você está navegando sem rumo; qualquer lugar parece satisfatório, mas a verdade é que dificilmente você alcança o lugar que realmente deseja.

Por isso, comece listando suas metas financeiras. Pense em objetivos de curto, médio e longo prazo. Pergunte-se: *O que eu realmente quero atingir financeiramente nos próximos meses e anos?* Essas metas podem incluir uma reserva de emergência, a compra de um imóvel, a criação de um fundo para a aposentadoria, ou até uma viagem dos sonhos.

Ao definir metas específicas, você cria uma visão mais clara do que quer. Isso é fundamental para que suas ações diárias comecem a caminhar em direção a essas conquistas. Além disso, estudos mostram que o simples ato de definir metas aumenta as chances de realizá-las [Locke & Latham, 2002] .

2. Organize suas Finanças

A organização financeira é um dos pilares da prosperidade. Sem ela, é fácil perder o controle do dinheiro, gastar mais do que deveria e sentir-se constantemente em um ciclo de falta. Para começar a organizar suas finanças, anote todos os seus gastos e receitas. Faça isso de forma detalhada, registrando tanto os grandes gastos quanto as pequenas despesas do dia a dia.

Tenha em mente que cada real que você gasta deve estar alinhado com suas metas e com a vida que deseja construir. Uma ferramenta muito útil para organizar suas finanças é o método dos envelopes ou a criação de categorias de gastos. Essa prática simples ajuda a visualizar onde o dinheiro está sendo usado e a fazer ajustes necessários.

Além disso, considere usar aplicativos de finanças pessoais ou planilhas para monitorar suas entradas e saídas. Eles facilitam o acompanhamento e proporcionam uma visão clara da sua situação financeira. *Quanto mais você monitora o dinheiro, mais fácil se torna perceber como ele pode ser melhor utilizado.*

3. Adote o Hábito de Poupar Consistentemente

Muitas vezes, a falta de prosperidade vem da falta de um hábito de poupança. Mas, o segredo aqui é começar pequeno. *A abundância é uma jornada, e não é preciso esperar ter grandes somas para iniciar um hábito de poupança.* Experimente reservar uma pequena quantia todos os meses, mesmo que seja simbólica no início.

Estudos mostram que quem poupa regularmente, mesmo em pequenas quantias, consegue acumular uma reserva significativa ao longo do tempo [Thaler & Benartzi, 2004] . Esse simples ato de guardar cria uma mentalidade de abundância e gera mais tranquilidade financeira.

4. Crie uma Reserva de Emergência

A reserva de emergência é essencial para qualquer pessoa que deseja viver em prosperidade. Ela representa uma segurança que permite lidar com imprevistos financeiros sem comprometer outras áreas da sua vida. Para começar, defina um valor alvo para sua reserva, geralmente de três a seis meses das suas despesas mensais. Poupar para essa reserva é um ato de amor-próprio e responsabilidade, pois garante que você terá um suporte em situações inesperadas.

5. Estude Sobre Investimentos

Investir é uma das formas mais eficazes de

multiplicar seu dinheiro. A ideia aqui não é tornar-se um expert da noite para o dia, mas sim começar a se familiarizar com o básico do mundo dos investimentos. Existem diversas opções, desde investimentos conservadores, como a poupança e o tesouro direto, até opções mais arriscadas, como ações e criptomoedas. *O importante é dar o primeiro passo, mesmo que seja em algo pequeno e seguro.*

Lembre-se de que investir não é um jogo de sorte, mas uma estratégia para gerar prosperidade a longo prazo. Conforme você começa a entender o funcionamento do mercado e a buscar mais conhecimento, fica mais fácil encontrar investimentos alinhados aos seus objetivos e ao seu perfil.

Planejamento Financeiro, Organização e Investimentos

Planejar-se financeiramente é o primeiro passo para alinhar suas ações com uma vida próspera. O planejamento financeiro é um exercício de visualização, ação e compromisso. *Ele permite que você saiba para onde está indo, e faz com que você tome decisões mais conscientes sobre o uso do seu dinheiro.*

1. Crie um Plano de Gastos Consciente

Uma prática poderosa é criar um plano de gastos alinhado aos seus valores e metas. Este não é um "orçamento" no sentido restritivo, mas uma forma de direcionar seu dinheiro para o que realmente importa para você. Ao adotar esse tipo de planejamento, você evita despesas desnecessárias e cria mais espaço para investir naquilo que realmente traz retorno.

Para criar esse plano, liste suas principais despesas fixas, como aluguel, contas e alimentação, e acrescente um valor para lazer e outros interesses. Dessa forma, você evita a sensação de privação, mas garante que cada gasto está alinhado aos seus objetivos.

2. Invista na Sua Educação Financeira

Estar bem informado é um dos principais segredos para prosperar financeiramente. Não se trata de saber tudo, mas de ter uma base sólida e de buscar continuamente novos conhecimentos. Leia livros sobre finanças, participe de workshops e assista a vídeos educativos. *Quanto mais você aprende, mais segura se torna para tomar decisões que aumentem sua prosperidade.*

Uma curiosidade interessante é que, de acordo com estudos, pessoas com maior conhecimento financeiro têm mais chances de acumular patrimônio ao longo da vida, pois conseguem tomar decisões mais fundamentadas e estratégicas em relação ao dinheiro [Lusardi & Mitchell, 2014] .

Como Pequenas Ações Diárias Criam uma Mentalidade Próspera

Por fim, a prosperidade não é apenas sobre grandes mudanças, mas também sobre pequenas atitudes diárias que refletem uma mentalidade abundante.

Vou compartilhar alguns exemplos simples que você pode aplicar no seu dia a dia para fortalecer sua conexão com a abundância.

1. Pratique a Gratidão Financeira

Agradecer pelo que você já possui é um dos hábitos mais poderosos para cultivar a abundância. Todas as noites, anote três coisas pelas quais você é grato, relacionadas às suas finanças. Pode ser uma compra que lhe trouxe satisfação, uma renda extra, ou mesmo a oportunidade de aprender mais sobre investimentos. *A gratidão ativa o cérebro para focar no positivo e atrair mais disso para sua vida* [Emmons & McCullough, 2003].

2. Mantenha o Foco nas Soluções

Quando surgir um desafio financeiro, evite o impulso de focar no problema. Em vez disso, pense nas soluções. Essa mudança de foco ajuda a reduzir o estresse e a estimular a criatividade. *Pessoas prósperas têm a habilidade de enxergar soluções e se mantêm resilientes, mesmo em situações adversas.*

3. Reflita e Celebre Pequenas Conquistas

Cada passo que você dá em direção à abundância é digno de celebração. Valorize cada pequena conquista, como economizar um pouco mais em um mês ou investir pela primeira vez. *Celebrar essas pequenas vitórias reforça a mentalidade de progresso e crescimento contínuo.*

4. Doe com Generosidade

Um dos maiores segredos da prosperidade é a generosidade. Quando você doa, mesmo que em pequenas quantias, está dizendo para o universo que confia no fluxo de abundância. Além disso, você também se sente mais próspero ao perceber que possui o suficiente para compartilhar.

Um Exemplo Inspirador: A Trajetória de Sofia

Sofia é uma jovem que, desde cedo, aprendeu a importância da educação financeira. Mesmo com uma renda modesta, ela sempre economizava uma parte do que ganhava. Com o tempo, Sofia aprendeu sobre investimentos e começou a aplicar seu dinheiro. Em poucos anos, sua disciplina e paciência renderam frutos: ela conquistou independência financeira e pôde realizar diversos sonhos.

O exemplo de Sofia nos mostra que, com ações simples e consistentes, qualquer pessoa pode alcançar a prosperidade. Não é sobre quanto você tem hoje, mas sobre como você cuida do que tem e do quanto você acredita na sua capacidade de transformar sua realidade.

CAPÍTULO 7: MANTENDO-SE NA FREQUÊNCIA DA ABUNDÂNCIA

"A verdadeira prosperidade não é algo que alcançamos, mas uma frequência na qual escolhemos viver."

Viver na abundância não é apenas sobre dinheiro ou bens materiais; é sobre manter uma mentalidade e um estado de espírito que permanecem firmes, independentemente das circunstâncias externas. Mas, como isso é possível? Como podemos sustentar uma frequência de abundância mesmo em meio aos desafios financeiros que, inevitavelmente, surgem ao longo da vida?

Neste capítulo, vamos explorar técnicas que ajudam a manter o foco e a frequência na prosperidade, mesmo quando surgem situações difíceis. Vamos falar sobre a importância de lidar com os altos e baixos sem se desviar do caminho, sobre práticas de mindfulness e meditação que cultivam uma mentalidade próspera e sobre como o ambiente e as pessoas ao nosso redor influenciam nossa capacidade de atrair e sustentar a abundância.

Como Lidar com os Altos e Baixos Financeiros sem Sair da Vibração

Uma das verdades da vida é que, assim como as marés, nossas finanças também oscilam. Haverá momentos de fartura e momentos de restrição. *O segredo não está em evitar as oscilações, mas em como respondemos a elas.* Quando enfrentamos uma dificuldade financeira, nosso primeiro instinto pode ser o medo, a ansiedade ou a frustração. No entanto, esses sentimentos, embora naturais, têm o poder de nos afastar da frequência da abundância, tornando ainda mais difícil superar o momento.

Para ajudar a manter-se alinhado, veja algumas estratégias para lidar com esses períodos sem perder o foco na prosperidade:

1. Abrace a Incerteza com Confiança

Quando você percebe que a escassez é apenas uma fase temporária, fica mais fácil manter-se em paz. Lembre-se de que o sucesso financeiro não é uma linha reta e que altos e baixos fazem parte da jornada. *Escolha ver cada desafio como uma oportunidade de aprendizado e crescimento.*

Um exemplo interessante vem do mercado de investimentos. Investidores experientes sabem que, em momentos de crise, há oportunidades de crescimento. Eles permanecem calmos e enxergam além da situação imediata. Da mesma forma, você pode encarar os momentos de baixa como uma chance de aprimorar sua relação com o dinheiro e a abundância.

2. Revisite Suas Conquistas

Quando enfrentar um desafio financeiro, reserve alguns minutos para refletir sobre tudo o que já conquistou até aqui. *Recordar suas vitórias e progressos renova sua confiança e ajuda a manter sua mente na frequência da abundância.* Estudos de psicologia mostram que focar no que já temos gera um estado de contentamento e atrai mais experiências positivas [Emmons & McCullough, 2003] .

Uma técnica prática para isso é manter um "Diário da Abundância", onde você anota realizações, gratidões e momentos de prosperidade. Em tempos difíceis, revisitar essas anotações pode ser um lembrete poderoso de que a prosperidade é um estado interno, e que você já viveu, em muitos momentos, essa energia.

3. Mantenha-se em Ação

Em momentos de crise, o medo muitas vezes nos paralisa. Mas, *o que realmente ajuda a sair de uma situação difícil é a ação, ainda que em pequenos passos.* Isso pode significar revisar seu orçamento, encontrar novas fontes de renda ou buscar orientação financeira. Qualquer que seja a ação, ela ajuda a recobrar a sensação de controle e a se alinhar novamente com a frequência da abundância.

Um exemplo disso é algo que muitas pessoas fazem em tempos de dificuldade financeira: o "destralhe". Livrar-se do que não é mais útil ou necessário pode ter um efeito positivo em várias áreas da vida, incluindo as finanças. Ao vender itens que não usa mais, você cria uma sensação de espaço e renova a energia ao seu redor.

Práticas de Mindfulness e Meditação Focadas em Abundância

A prática de mindfulness e meditação pode ser uma ferramenta poderosa para manter-se na frequência da abundância. Mindfulness, ou atenção plena, significa estar presente no momento, com aceitação e sem julgamento. Já a meditação é uma prática que ajuda a aquietar a mente, reduzindo o estresse e promovendo um estado de tranquilidade.

Pesquisas mostram que práticas de mindfulness podem ajudar a reduzir a ansiedade e aumentar a satisfação com a vida, fatores que contribuem para uma mentalidade de abundância [Brown & Ryan, 2003].

1. Meditação de Gratidão para Abundância

Uma prática simples e eficaz é a meditação de gratidão. Para realizá-la, encontre um lugar tranquilo e confortável. Feche os olhos e respire profundamente, focando sua atenção em cada inspiração e expiração. Após alguns minutos, comece a refletir sobre tudo o que você já possui e valoriza em sua vida. Imagine-se imerso em sentimentos de gratidão.

Essa prática simples reprograma sua mente para perceber e atrair mais abundância. É uma maneira de treinar o cérebro para valorizar o que já existe, criando uma base sólida para atrair mais. Estudos indicam que a gratidão ativa áreas do cérebro associadas ao prazer e à recompensa, fortalecendo a sensação de bem-estar e promovendo a prosperidade [Fox et al., 2015] .

2. Visualização da Abundância

A visualização é uma técnica poderosa que utiliza imagens mentais para gerar sensações e estimular a mente para a realização de objetivos. Para a prática de visualização da abundância, imagine-se vivendo uma vida próspera, em detalhes. *Visualize o que deseja conquistar, como seria sua rotina, e sinta a satisfação de ter alcançado esses sonhos.*

Ao realizar a visualização regularmente, você treina sua mente para perceber as oportunidades e para alinhar suas ações com seus objetivos. Esse exercício é uma maneira eficaz de manter-se motivado e conectado à frequência da prosperidade.

3. Exercício de Respiração para Estabilidade Emocional

Quando a ansiedade financeira surge, uma prática eficaz é a respiração consciente. Inspire profundamente por quatro segundos, segure o ar por quatro segundos e expire lentamente por outros quatro. *Essa técnica ajuda a acalmar o sistema nervoso e reduz o estresse, mantendo sua mente mais clara e focada na abundância.*

Manter-se Cercado de Influências e Ambientes Positivos

A influência do ambiente em nossa mentalidade financeira é um fator poderoso, embora muitas vezes subestimado. O que você consome diariamente, seja em conversas, notícias ou ambientes, afeta diretamente seu estado emocional e, consequentemente, sua capacidade de manter-se na frequência da abundância.

1. Escolha Bem Suas Companhias

A famosa frase de Jim Rohn, "Você é a média das cinco pessoas com quem mais passa tempo", aplica-se perfeitamente aqui. Cercar-se de pessoas que compartilham uma visão positiva da vida e da prosperidade pode ser um grande diferencial. *Quando convivemos com pessoas que valorizam o crescimento e a abundância, é natural que adotemos essa mentalidade.*

2. Consuma Conteúdos Inspiradores

O que você lê, ouve e assiste afeta sua mentalidade. Opte por conteúdos que promovam a abundância, que ensinem sobre educação financeira e que inspirem autoconhecimento. *Ler histórias de pessoas que alcançaram a prosperidade e ouvir palestras motivacionais são formas de alimentar sua mente com ideias que o aproximam da frequência da abundância.*

3. Crie um Espaço que Respeite e Atraia Prosperidade

Organizar e cuidar do seu espaço físico é uma prática muitas vezes negligenciada, mas que pode ter um impacto significativo na sua frequência de prosperidade. Um ambiente limpo, organizado e que reflete suas metas e valores cria uma sensação de bem-estar. *Além disso, o ato de cuidar do seu espaço físico é um reflexo da maneira como você cuida da sua vida financeira e de suas metas.*

Um exemplo disso vem das práticas do feng shui, uma antiga filosofia chinesa que ensina a organizar ambientes para atrair prosperidade e bem-estar. De acordo com o feng shui, pequenos ajustes no espaço físico podem impactar positivamente a vida financeira e emocional.

Um Exemplo Real: A História de Marcelo

Marcelo trabalhava em uma empresa de tecnologia, mas sempre sentia que, apesar de seus esforços, algo impedia sua vida financeira de prosperar. Após aprender sobre a frequência da abundância, Marcelo decidiu implementar pequenas mudanças em sua vida. Ele começou a meditar regularmente, visualizando a vida próspera que desejava, e decidiu reorganizar seu espaço, eliminando objetos que não usava mais.

Além disso, Marcelo passou a se envolver com pessoas que compartilhavam sua visão de crescimento. Gradualmente, ele notou mudanças positivas, como oportunidades de crescimento no trabalho e uma maior clareza sobre como gerenciar seu dinheiro. *A jornada de Marcelo nos mostra que, com pequenas práticas diárias, podemos nos alinhar com a frequência da abundância e transformar nossa realidade.*

CONCLUSÃO: SUA NOVA VIDA EM SINTONIA COM A PROSPERIDADE

Nesta trajetória em busca da frequência da prosperidade, exploramos como podemos alinhar nossos pensamentos, emoções e ações para nos conectarmos com a abundância verdadeira e duradoura. Como já discutimos, a prosperidade não tem a ver apenas com o acúmulo de riqueza material, mas com a obtenção de um estado de equilíbrio e confiança, uma mentalidade de abundância que nos permite ver e utilizar as oportunidades que a vida nos oferece.

Em primeiro lugar, vimos que o caminho para a prosperidade financeira começa com a conscientização de nossos pensamentos e crenças sobre dinheiro. Muitas vezes, carregamos crenças limitantes que adquirimos ao longo da vida e que criam uma barreira invisível entre nós e o que queremos alcançar. Superar essas crenças é um processo que exige autoconhecimento e intenção. Ao desafiar os pensamentos de carência e substituí-los por afirmações positivas e encorajadoras, você já está reprogramando sua mente para uma vida de sucesso e realização.

Além disso, aprendemos que a ciência moderna, especialmente a física quântica e a neurociência, sustenta o poder de nossos pensamentos e intenções. Isso significa que, quando sintonizamos nossos pensamentos com a frequência da prosperidade, na verdade criamos espaço para que novas oportunidades e circunstâncias positivas entrem em nossa vida. As evidências científicas mostram que pensamentos positivos e sentimentos de confiança e gratidão têm o poder de mudar nossas percepções e nos tornar mais receptivos às oportunidades.

A gratidão, um dos temas centrais deste livro, não apenas melhora nosso bem-estar emocional, mas também influencia diretamente nossa relação com o dinheiro. A prática da gratidão nos ajuda a desenvolver uma mentalidade de abundância e a perceber o que já temos, reduzindo a ansiedade e o medo da escassez. Através da gratidão, podemos transformar o ato de lidar com o dinheiro em uma troca harmoniosa, onde cada transação é vista como uma forma de fortalecer nossa vida e nosso propósito.

Outro conceito importante é o desapego. Às vezes, ficamos tão fixados em certos resultados que acabamos limitando nossa própria capacidade de expansão e crescimento. O desapego nos ensina a confiar no fluxo da vida, a acreditar que o que é nosso virá no momento certo. Desapegar-se não significa abdicar de seus objetivos, mas sim abrir espaço para que as oportunidades cheguem de forma natural e inesperada. Essa prática é essencial para quem deseja entrar em sintonia com a frequência da prosperidade, pois permite que nossa energia flua sem bloqueios, aumentando nossa capacidade de atração.

Para que a prosperidade financeira seja sustentada, ações práticas e consistentes são essenciais. Não basta pensar positivamente ou visualizar uma vida abundante se nossas práticas financeiras não refletem esse estado. A organização das finanças, o controle de gastos e o hábito de poupar regularmente são práticas indispensáveis. Assim como uma planta precisa de água e cuidados constantes, a prosperidade requer que cuidemos conscientemente de nossos recursos e objetivos. Adotar uma postura responsável e organizada com as finanças é fundamental para que a abundância seja um estado contínuo e crescente.

Outro ponto que exploramos é o poder da visualização. A capacidade de imaginar com clareza onde queremos chegar e como queremos viver é uma ferramenta poderosa. A visualização nos permite antecipar o sucesso e criar uma imagem mental que orienta nossos passos na direção dos nossos sonhos. Ao visualizar com frequência uma realidade próspera, fortalecemos nossos objetivos e mantemos a motivação para realizá-los. A visualização não é apenas uma prática mental; é uma maneira de treinar nosso cérebro a agir em alinhamento com nossas metas.

A prosperidade verdadeira também envolve a generosidade e o desejo de compartilhar. Quando praticamos a generosidade, seja através de doações financeiras, de tempo ou de conhecimento, estamos nos conectando com um fluxo de abundância que valoriza e respeita os outros. Esse ciclo de dar e receber reforça nossa relação saudável com o dinheiro e aumenta nossa confiança de que sempre teremos o suficiente para nós e para aqueles que amamos. A generosidade, então, torna-se uma expressão natural de abundância e um lembrete de que a prosperidade é um caminho compartilhado.

Por fim, a prática constante dessas ações e valores nos leva a manter a frequência da prosperidade em todas as áreas da vida. Quando estamos em sintonia com essa frequência, nosso foco deixa de ser apenas o dinheiro, e passamos a viver com uma sensação de plenitude, propósito e paz. Isso não significa que nunca enfrentaremos dificuldades, mas sim que estaremos preparados para superá-las com resiliência e serenidade. A prosperidade, nesse sentido, é uma escolha diária que envolve um compromisso com a positividade, a prática da gratidão e a confiança em nosso próprio valor e capacidade.

Convido você, leitor, a continuar essa jornada, aplicando em sua vida os ensinamentos e práticas que exploramos. A prosperidade começa internamente, na maneira como pensamos e sentimos, e se reflete nas escolhas que fazemos todos os dias. Ao cultivar uma mentalidade de abundância, confiança e gratidão, você estará ajustando sua frequência para atrair as oportunidades, conexões e experiências que deseja. A frequência da prosperidade é mais do que uma prática; é uma filosofia de vida que pode transformar a forma como você se relaciona com o mundo e com você mesmo.

Que este livro seja um guia para ajudá-lo a viver com propósito, em harmonia com a abundância ao seu redor. E que, ao entrar nessa frequência, você descubra uma prosperidade que vai além do dinheiro, encontrando um equilíbrio verdadeiro que lhe permita alcançar seus maiores sonhos e viver uma vida plena e realizada.

BIBLIOGRAFIA RECOMENDADA

Esta lista contém obras e autores citados e complementa as ideias de prosperidade, visualização, neurociência, e práticas de desapego:

1. Neurociência e Psicologia Positiva

- **"Positivity: Top-Notch Research Reveals the Upward Spiral That Will Change Your Life"** – Barbara Fredrickson
  Explora o impacto de emoções positivas na neuroplasticidade, um conceito central para reprogramar a mente para a prosperidade.

- **"The Power of Neuroplasticity"** – Shad Helmstetter
  Este livro aborda como a repetição de pensamentos influencia a reconfiguração mental, um fundamento do livro de Ayme sobre prosperidade.

2. Física Quântica e Intenção

- **"The Field: The Quest for the Secret Force of the Universe"** – Lynne McTaggart
  Discute o campo quântico e como

nossas intenções influenciam a realidade, baseando-se em princípios explorados no livro.

- **"The Quantum and the Lotus"** – Matthieu Ricard e Trinh Thuan
Combina física quântica e espiritualidade, ampliando a ideia de que somos co-criadores da realidade financeira.

3. Lei da Atração e Visualização

- **"The Power of Your Subconscious Mind"** – Joseph Murphy
Este clássico fornece ferramentas práticas para a visualização financeira e a criação de crenças positivas em relação ao dinheiro.

- **"Ask and It Is Given: Learning to Manifest Your Desires"** – Esther e Jerry Hicks
Expande o conceito de vibração e alinhamento com a abundância, com práticas para manter a frequência da prosperidade.

4. Gratidão e Mindfulness

- **"Thanks!: How the New Science of Gratitude Can Make You Happier"** – Robert Emmons
Fundamenta a importância da gratidão e como ela impacta positivamente a vida financeira e emocional.

- **"Wherever You Go, There You Are"** – Jon Kabat-Zinn
Foca na prática de mindfulness para criar uma relação equilibrada e positiva com o dinheiro.

5. Desapego e Prosperidade

- **"The Art of Happiness"** – Dalai Lama e Howard Cutler
  Explora a filosofia de desapego e sua relação com a felicidade e bem-estar, conceitos que sustentam o fluxo de abundância.

- **"Letting Go: The Pathway of Surrender"** – David R. Hawkins
  Oferece insights sobre desapego emocional e financeiro, demonstrando como soltar é uma prática essencial para a prosperidade.

6. Planejamento Financeiro e Educação Financeira

- **"Your Money or Your Life"** – Vicki Robin e Joe Dominguez
  Apresenta ferramentas para transformar a relação com o dinheiro e construir uma vida alinhada com os valores pessoais.

- **"The Richest Man in Babylon"** – George S. Clason
  Este livro clássico fornece lições práticas e atemporais de planejamento financeiro e prosperidade.

Estes livros complementam os ensinamentos do livro *A Frequência da Prosperidade*, permitindo que o leitor aprofunde seu conhecimento em ciência, psicologia, filosofia, e práticas espirituais para criar uma vida financeiramente abundante e equilibrada.

www.ingramcontent.com/pod-product-compliance
Lightning Source LLC
Chambersburg PA
CBHW070124230526
45472CB00004B/1406